DE LA SOCIÉTÉ

EN

MATIÈRE CIVILE ET COMMERCIALE.

THÈSE

Qui sera soutenue le jeudi 27 juin 1839, à 3 heures et demie,

Par L. CABANTOUS,

Avocat à la Cour royale, docteur en droit,

L'un des candidats du Concours ouvert le 10 janvier 1839 devant la Faculté de Droit de Paris.

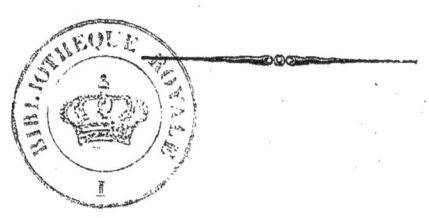

PARIS. — IMPRIMERIE DE COSSON,
Rue Saint-Germain-des-Prés, 9.

1839.

JUGES DU CONCOURS.

MM.

BLONDEAU, Professeur et Doyen de la Faculté de Droit de Paris, président du Concours;

DE PORTETS,
DURANTON,
DEMANTE,
DU CAURROY,
BUGNET,
PONCELET,
ROYER-COLLARD,
PELLAT,
BRAVARD,
ROSSI,
VALETTE,
OUDOT,
} Professeurs à la Faculté de Droit de Paris;

MILLER, Conseiller à la Cour de Cassation.

LASSIS,
PETIT,
BUCHOT,
} Conseillers à la Cour royale de Paris.

ARGUMENTANS.

MM. PONSOT,
PIDOUX,
MASSOL,
DREVON,
} Docteurs en droit.

DU CONTRAT DE SOCIÉTÉ

EN

MATIÈRE CIVILE ET COMMERCIALE.

Le contrat de société fut long-temps considéré comme ayant plutôt pour objet le rapprochement des personnes que la réunion des capitaux. C'est seulement de nos jours que les progrès de la science économique ont permis de fixer le véritable caractère de ce contrat, et de déduire les conséquences logiques du but que lui avaient déjà reconnu les jurisconsultes les plus anciens : la production de bénéfices au moyen d'une chose mise en commun. De ce point de vue nettement saisi, les qualités personnelles des membres d'une société paraissent bien moins importantes que la quotité et la nature de leurs apports. Aussi ce dernier élément tend-il de plus en plus à effacer le premier, dont la prédominance caractérise un état parfaitement distinct de celui de société : l'état de communauté ou d'indivision.

A l'époque de la rédaction de nos codes, les idées que nous venons d'émettre n'étaient ni aussi clairement perçues ni aussi généralement admises qu'elles le sont aujourd'hui. On aurait tort toutefois de penser que le législateur a entendu les proscrire ; il en a au contraire posé les prémisses en définissant la Société : « un contrat par » lequel deux ou plusieurs personnes conviennent de mettre quelque » chose en commun, dans la vue de partager le bénéfice qui pourra » en résulter. » Seulement cette notion fondamentale n'a pas reçu tout le développement qu'elle comportait, et de même que dans le droit romain et dans l'ancienne jurisprudence française, elle a quelquefois été méconnue dans les décisions de détail. Mais ce qui est utile à constater, c'est que la définition qui précède est commune aux sociétés civiles et aux sociétés commerciales. Entre elles, point de différence quant au but, point de différence non plus, quant au caractère général que leur donne ce but : elles se distinguent surtout les unes des autres par la nature des moyens qu'elles emploient; si ces moyens consistent en des actes de commerce, elles sont commerciales, sinon elles restent purement civiles.

Ces observations préliminaires indiquent la division naturelle de notre sujet : nous traiterons dans trois chapitres distincts, des dispositions communes aux Sociétés civiles et commerciales, de celles spéciales aux Sociétés civiles, et enfin de celles particulières aux sociétés commerciales.

CHAPITRE Ier.

DISPOSITIONS COMMUNES AUX SOCIÉTÉS CIVILES ET COMMERCIALES.

Ces dispositions ont pour objet : 1° Les élémens constitutifs du contrat de société; 2° son commencement et sa durée; 3° les engagemens des associés entre eux; 4° les modes de dissolution, la liquidation, et le partage de la Société.

§ 1er. — *Elémens constitutifs du contrat de Société.*

Toute Société comprend essentiellement un double but : la participation aux bénéfices et la contribution aux pertes.

Régulièrement, on entend par bénéfice, l'excédant du produit de la liquidation sur le fonds social primitif; la perte consiste dans le déficit qui résulte de la même comparaison. Nous verrons plus loin jusqu'à quel degré est compatible avec cette règle, l'usage reçu dans la pratique, de distribuer périodiquement des bénéfices.

Pour qu'il y ait Société proprement dite, il faut non seulement la participation aux bénéfices et la contribution aux pertes; mais encore l'existence d'un fonds commun composé des mises de chaque associé. Ce double caractère suffit pour distinguer la Société, soit du louage d'ouvrage, soit du mandat salarié, soit de la vente par intermédiaire, avec droit de commission, soit enfin de la gestion intéressée, lors même que le prix du service, dans ces divers cas, consisterait en une quote-part des bénéfices éventuels de l'opération.

La Société est distincte de chacun de ses membres; elle forme un être moral, une personne civile qui a des intérêts, des obligations, des propriétés indépendamment de chaque associé considéré individuellement.

L'objet des apports sociaux, quel qu'il soit, est aliéné au profit de la Société : tant qu'elle dure, il n'y a pas entre les associés copropriété, indivision ; d'eux à elle, il y a dessaisissement, mutation. L'équivalent pour chaque associé, de ce dont il se dessaisit, est la part qu'il prendra dans les bénéfices espérés.

La Société doit avoir un objet licite : sinon, soit qu'il s'agisse d'actes réprouvés par la loi morale, soit que la prohibition dérive seulement de la loi civile, la Société sera radicalement nulle ; sauf toutefois la communauté de fait qui pourra avoir existé, et dont les effets devront être réglés sans aucun égard pour la convention sociale considérée comme non avenue.

L'apport de chaque associé peut comprendre tout ce qui est susceptible d'être la matière de conventions et de nature à produire des bénéfices : le crédit dû à une position sociale ou à des fonctions publiques, un nom abstrait sans collaboration ni clientelle ne formerait pas une mise valable.

§ II. — *Commencement et durée de la Société.*

En l'absence de conventions particulières, la Société commence à l'instant même du contrat, et elle est censée contractée pour toute la vie des associés ou pour la durée de l'affaire qu'elle a pour objet.

§ III. — *Engagemens des associés entre eux.*

Ces engagemens se réfèrent : 1° à l'apport de chacun des associés; 2° à la fixation des parts; 3° à l'administration de la Société; 4° aux choses qui composent le fonds commun.

ARTICLE Ier. *Des apports sociaux.*

Les droits et devoirs respectifs de la Société et de l'associé varient suivant que l'apport social a pour objet, ou la pleine propriété des choses mises en commun, ou leur jouissance, ou enfin le travail et l'industrie de l'associé.

I. Si l'apport consiste en propriété, la Société devient immédiatement propriétaire des choses promises, sans qu'il soit besoin de tradition. Cette dernière circonstance n'est nécessaire, pour mettre la chose aux risques de la Société, que dans le cas où il s'agit d'objets déterminés seulement quant à leur espèce. C'est là, comme on le voit, l'application de cette règle, qu'un débiteur de genre n'est point libéré par la perte des corps certains compris dans le genre promis; et, en général, on doit dire que les règles relatives aux effets de l'obligation de donner, à la délivrance, à la mise en demeure, aux dommages-intérêts, régissent l'obligation de fournir la mise sociale.

Il y a cependant quelques exceptions en ce qui touche les dommages-intérêts. Contrairement aux principes généraux, si l'apport promis consiste en une somme d'argent, les dommages-intérêts peuvent excéder le montant des intérêts au taux légal, et ils courent de plein droit du jour où la somme devait être payée. Ces dérogations s'expliquent par la nature des relations que crée le contrat de société.

L'associé est garant envers la Société de l'éviction de son apport; mais, à cet égard, le législateur a commis une double inexactitude : une de langage, en paraissant subordonner l'obligation de garantie à la qualité de corps certain dans l'objet apporté, comme si l'éviction ne supposait pas la délivrance, et qu'un objet livré ne devînt pas nécessairement un corps certain ; la seconde de principe, en assimilant sans distinction la garantie due par l'associé à celle due par le vendeur. Cette assimilation, vraie quant à l'obligation de prendre le fait et cause du garanti, ne l'est point complétement quant à celle d'indemniser l'évincé, puisque, à la différence du vendeur, l'associé ne reçoit pas le prix proprement dit de sa mise, et que conséquemment il ne saurait être tenu de le restituer. L'effet de l'éviction sera donc, suivant les circonstances, ou d'entraîner la résolution de la Société avec dommages-intérêts contre l'associé garant, ou seulement de le rendre passible de dommages-intérêts, sans qu'ils puissent être convertis, si ce n'est d'un commun consentement, en une diminution proportionnelle de sa part d'intérêt dans la Société.

II. Dans le cas d'apport en jouissance, la Société devient usufruitière, et l'associé conserve la nue-propriété. La chose demeure donc aux risques de ce dernier, à moins qu'elle ne rentre dans quelqu'une des exceptions suivantes. Ces exceptions comprennent : 1° les choses fongibles ou qui se consomment par l'usage ; 2° celles qui se détériorent en les gardant; 3° celles qui sont destinées à être vendues ; 4° celles qui ont été livrées sur estimation.

Dans ces diverses hypothèses, c'est la propriété qui est transférée à charge de rendre l'équivalent des choses reçues; et, tel est le motif pour lequel la Société supporte les risques. L'équivalent à restituer consiste dans le montant de l'estimation, toutes les fois qu'il y a eu estimation préalable. A défaut de cette évaluation conventionnelle, l'associé, dont l'apport se composait de choses fongibles, prélève, lors de la dissolution de la Société, ou des choses de pareille quantité, qualité et valeur, ou leur estimation à cette époque. Il en est de même des choses qui se détériorent seulement par l'usage, l'associé ne pouvant être tenu de les reprendre dans l'état où elles se trouvent, puisque la Société est responsable des risques à leur égard. Quant aux choses destinées à être vendues, c'est le prix de la vente, ou si elles ont péri avant d'être vendues, leur valeur au moment du contrat, qui forme l'objet du prélèvement.

Les différences que nous venons de signaler entre l'apport en propriété et l'apport en jouissance, et d'autres encore que nous verrons plus loin en traitant de la dissolution de la Société, montrent combien il importe aux parties contractantes de s'expliquer clairement sur ce sujet. A défaut d'indication précise, la présomption est pour l'apport en propriété, présomption qui ne cède qu'à un ensemble de clauses tendant évidemment à l'exclure.

III. L'apport en industrie rend l'associé comptable envers la Société de tous les gains provenant du genre de travail que les contractans ont eu en vue. En deux mots, l'associé est obligé, comme le serait un locateur de services ; c'est d'après ce caractère que doit être fixée la mesure de sa responsabilité.

Art. II. — *De la fixation des parts.*

Cette fixation est légale ou conventionnelle : légale, elle supplée au silence des parties ; conventionnelle, elle est susceptible des modifications les plus variées, et la loi ne s'en occupe que pour la renfermer dans les limites qu'indique la nature même du contrat de Société.

I. En l'absence de convention, la loi fixe la part de chaque associé dans les bénéfices ou pertes, proportionnellement à la mise de chacun dans le fonds social. Nous avons déjà dit que d'après le véritable sens des mots *bénéfices* et *pertes*, aucune répartition ne devrait avoir lieu avant la fin de la Société, mais que souvent l'usage était contraire à ce principe. Cet usage qui consiste à faire des distributions de dividendes à des termes périodiques plus ou moins rapprochés, ne présente pas d'inconvénient réel, lorsque la part de chaque associé est la même dans les bénéfices et les pertes, parce que alors la supputation périodique produit des résultats identiques à ceux de la supputation générale après la fin de la Société. Mais il en est tout autrement, quand un ou plusieurs associés prennent part aux bénéfices et aux pertes dans une mesure inégale : le calcul fractionné par année ou autres périodes quelconques, amène alors, quoique un peu tempérée, une injustice analogue à celle que produirait le calcul établi séparément sur chaque affaire heureuse ou malheureuse. Néanmoins la volonté des contractans, relativement au partage périodique, devra certainement être suivie si elle est expresse, et elle pourra même quelquefois être présumée.

La règle de proportionnalité entre la mise et la part d'intérêt social nous paraît devoir être appliquée même au cas où le contrat ne porterait point estimation des apports respectifs. L'estimation se fera d'après le mode ordinaire, et s'il s'agit d'un apport purement industriel, la loi elle-même a pris soin d'indiquer la base de l'évaluation, en disant que cette mise sera censée égale à celle de l'associé qui a le moins apporté. Si l'apport industriel est joint à un apport en capitaux, le moyen le plus juridique pour obtenir la valeur totale, est d'ajouter à l'apport en capitaux une somme égale à la mise de celui d'entre les autres associés qui aura le moins apporté.

II. Les contractans peuvent régler les parts sociales comme ils le jugent convenable : s'ils n'ont parlé que des bénéfices, la même proportion est applicable aux pertes, et réciproquement. Ils peuvent ou faire eux-mêmes le réglement des parts, ou en confier le soin soit à l'un d'entre eux, soit à un tiers. Si la personne commise à cet effet, ne veut ou ne peut remplir sa mission, il n'y a point de Société. Le règlement fait par la personne commise n'est susceptible d'être attaqué que s'il est évidemment contraire à l'équité : tout réclamant est d'ailleurs repoussé après le délai de trois mois depuis qu'il a connu ce règlement, ou s'il a commencé à l'exécuter.

Au fond, les parties ont liberté entière : elles peuvent valablement convenir ou que les parts seront inégales malgré l'égalité des apports, ou que tel associé prendra dans les bénéfices une part différente de celle qu'il devra supporter dans les pertes. Les seules prohibitions légales ont pour objet : 1° la clause qui donnerait à l'un des associés la totalité des bénéfices; 2° celle qui affranchirait de toute contribution aux pertes les sommes ou effets mis dans le fonds social par un ou plusieurs des associés. Cette dernière prohibition, quant aux dettes dont la Société pourrait rester grevée au-delà de l'actif commun, ne frappe que les apports en capitaux, comme l'indiquent les termes mêmes dans lesquels elle est conçue : les apports industriels seraient valablement affranchis de la contribution à cet ordre de pertes.

ART. III. — *De l'administration de la Société.*

I. A défaut de stipulations spéciales sur le mode d'administration, les associés sont censés s'être donné réciproquement le pouvoir d'administrer l'un pour l'autre. C'est là un des caractères distinctifs de la Société, qui la sépare profondément de l'état d'indivision où ce pouvoir réciproque n'est pas présumé.

Le droit des associés, relativement à l'administration, étant égal, il s'en suit que les actes d'un seul sont valables pour la part de tous; mais aussi que chacun peut s'opposer à l'opération avant qu'elle ait lieu. Il ne faut pas croire cependant que des résistances individuelles arrêteront indéfiniment un acte utile à l'intérêt commun : elles suffiront sans doute pour suspendre l'exécution; mais nous pensons qu'elles devraient céder elles-mêmes à la décision de la majorité.

II. S'il y a convention spéciale relative à l'administration, il faut distinguer entre l'administrateur ou les administrateurs nommés par l'acte même de Société, et celui ou ceux nommés par acte postérieur. Dans le premier cas, les pouvoirs conférés, formant une des conditions du contrat, ne sont point révocables par le seul changement de volonté, et leur révocation pour des causes légitimes entraîne nécessairement la dissolution de la Société. Dans le second cas, au contraire, ils constituent un simple mandat révocable.

Si plusieurs administrateurs ont été nommés, et que leurs fonctions ne soient ni divisées ni subordonnées expressément à leur assentiment mutuel, ils peuvent faire chacun séparément tous les actes de gestion. S'il a été stipulé que l'un ne pourrait agir sans l'autre, aucun acte ne peut avoir lieu que de leur avis unanime, et l'impossibilité actuelle de l'un d'entre eux de prendre part à l'administration ne justifierait l'acte accompli sans son concours que dans des cas d'extrême urgence.

III. Les pouvoirs des administrateurs, soit légaux, soit conventionnels, sont les mêmes en principe, sauf les modifications que peut apporter pour ces derniers le titre constitutif. De plus, il y a cette différence entre les administrateurs nommés par l'acte social et ceux nommés par acte postérieur, que les premiers, comme les administrateurs légaux, sont véritablement représentans de la société, et peuvent, en cette qualité, plaider pour elle, soit en demandant, soit en défendant, décision qui ne nous paraît nullement contraire à la célèbre maxime, que *nul en France, excepté le roi, ne plaide par procureur;* puisque la société, formant une personne civile, est elle-même directement en cause par ses représentans.

Le pouvoir d'administrer la société est, du reste, beaucoup plus étendu que celui d'un administrateur ordinaire, puisqu'il comprend même l'aliénation des choses mobilières, pourvu toutefois que ces choses fussent destinées à être vendues : restriction omise dans la loi, mais qui est nécessaire pour concilier cette faculté avec la défense d'user des choses sociales contre leur destination. En résumé, le pouvoir d'administrer n'a guère ici d'autres limites que celles prescrites par l'intérêt commun : ainsi, quoique, en principe, il ne renferme pas le droit de faire des innovations sur les immeubles dépendans de la société, cette règle cesserait évidemment, si l'objet social consistait précisément dans ces innovations.

IV. L'administrateur est soumis, pour sa responsabilité, aux principes généraux du Code civil en matière de prestation des fautes, c'est-à-dire qu'il doit aux affaires sociales tous les soins d'un bon père de famille. Mais il n'est pas tenu de sacrifier son intérêt particulier à celui de la société : tout ce que l'on peut exiger de lui, c'est la conciliation de ces deux intérêts, espèce de transaction dont la loi offre deux exemples remarquables.

1° Si l'administrateur et la société ont un débiteur commun, dont la double dette se trouve exigible, l'imputation des sommes payées se fera proportionnellement sur chacune des créances, à moins toutefois que le débiteur n'eût un plus grand intérêt à se libérer envers l'associé, ou que la libération à l'égard de ce dernier ne se soit opérée par voie de compensation. L'associé ayant d'ailleurs la faculté de préférer la cause de la société à la sienne propre, l'imputation qu'il aurait spécialement dirigée sur la créance sociale devrait incontestablement obtenir son effet.

2° Si l'administrateur a reçu divisément sa part entière de la créance commune, il est tenu de la rapporter à la masse sociale; et cela, lors même que le débiteur ne deviendrait pas ultérieurement insolvable, les expressions de la loi à cet égard étant plutôt énonciatives que limitatives.

La sanction générale des obligations de l'administrateur, c'est qu'il doit la réparation du dommage causé par sa faute, sans pouvoir compenser avec cette dette les profits qu'il a procurés à la cause commune dans d'autres circonstances : ces profits, en effet, loin de fonder une créance en sa faveur, n'ont été que l'acquittement de ses obligations envers la société.

V. Le compte de gestion, indépendamment de toute convention à cet égard, peut être exigé avant la fin de la société et à des époques périodiques, qui sont fixées, ou à l'amiable, ou par les voies judiciaires. Les intérêts du solde au profit de la société, de même que ceux des sommes prises dans la caisse sociale, courent de plein droit et sans demande; mais nous pensons que le point de départ des premiers ne sera pas nécessairement le jour où le solde a été constaté : l'administrateur aura la faculté de prouver qu'il ne pouvait en faire un emploi immédiat, sans nuire au service de sa gestion. Réciproquement, nous déciderons que les intérêts des sommes déboursées pour la société, par l'administrateur, courent de plein droit au profit de ce dernier. Quant aux obligations qu'il a contractées de bonne foi pour les affaires sociales et à l'indemnité des risques inséparables de sa gestion, le principe général suivant lequel une demande est nécessaire pour faire courir les intérêts, reprend son application. Le capital lui-même de l'indemnité pour risques de gestion grève tous les associés, y compris celui à qui elle est due, proportionnellement à la part sociale de chacun.

ART. 4e. — *Droits et obligations des associés relativement au fonds commun.*

Le principe fondamental en cette matière, c'est que les co-associés, n'étant point co-propriétaires du fonds commun, dont la propriété exclusive repose sur la tête de la société, le but social est bien moins la jouissance indivise de ce fonds que son exploitation la plus productive. La loi, en autorisant chaque associé à se servir des choses communes, sous la condition d'en user conformément à leur destination et à l'intérêt de la société, a indiqué elle-même par cette dernière restriction, qu'elle n'entendait point poser une règle absolue.

C'est avec un tempérament analogue qu'il faut interpréter le droit accordé aux associés, de s'obliger mutuellement à concourir aux dépenses nécessaires pour la conservation des choses communes : droit qui ne saurait s'étendre à des sommes considérables, sans violer le principe que nul associé ne peut être contraint à un supplément d'apport.

Parmi les dispositions que nous avons spécialement appliquées, dans l'article précédent, à l'associé administrateur, parce que, en effet, elles trouvent plus fréquemment leur application à son égard, plusieurs s'étendent néanmoins à l'associé non administrateur. Ce sont celles qui règlent les intérêts des sommes prises dans la caisse sociale, la responsabilité des fautes, la défense d'apporter des changemens aux immeubles sociaux, le mode d'imputation du paiement fait par un débiteur commun de l'associé et de la société, enfin l'obligation de rapporter la part divisément reçue d'une créance sociale.

Quant au droit à une indemnité pour les risques de gestion, nous ne l'appliquerions à l'associé, non administrateur, qu'au cas où des circonstances graves et urgentes justifieraient son immixtion dans la gestion.

Une disposition spéciale à l'associé non administrateur, c'est qu'il ne peut aliéner ni engager les choses sociales, même destinées à être vendues; ce qui ne l'empêche pas de vendre valablement tout ou partie d'une chose quelconque dépendante de la Société, mais sous la condition suspensive tacite, que l'objet ou les objets vendus tomberont dans son lot lors du partage.

Il y a plus : tout associé administrateur, ou non administrateur, peut valablement céder, en totalité ou en partie, sa part d'intérêt dans la Société. Cette cession n'empêche pas le cédant de rester seul associé par rapport à ses co-associés; le cessionnaire acquiert seulement le droit d'intervenir lors du partage définitif ou des distributions périodiques de bénéfices. Il ne reçoit de la convention que des pouvoirs analogues à ceux conférés par la loi à tous les créanciers en général, avec cette différence, toutefois, que sur le lot échu à son cédant, le cessionnaire prime et exclut tous autres créanciers. Entre le cédant et le cessionnaire partiel, il y a plutôt communauté ou indivision que Société proprement dite, malgré la qualification contraire adoptée par le Droit romain, par le Code civil et par la plupart des auteurs. On ne retrouve point, en effet, les caractères distinctifs de la Société : l'existence d'un fonds commun indépendant de la Société principale, ni surtout l'égalité de droit à la gestion de ce fonds, pour chacun des intéressés.

§ IV. — *Dissolution de la Société et opérations qui en sont la suite.*

ART. 1ᵉʳ. — *Modes de dissolution de la Société.*

La Société finit 1° par l'expiration du terme, sauf le cas de prorogation, ou par l'événement de la condition résolutoire ; 2° par l'extinction de la chose qui formait la totalité du fonds social, ou par la consommation de la négociation ; 3° par la mort naturelle d'un des associés, à moins qu'il n'ait été convenu que la Société continuerait, ou avec les héritiers du prédécédé, ou seulement entre les associés survivans; 4° par la mort civile, l'interdiction judiciaire ou légale, la soumission à un conseil judiciaire, la faillite ou la déconfiture de l'un des associés ; 5° par le consentement mutuel des parties ; 6° par la volonté qu'une seule ou plusieurs expriment de n'être plus en Société, pourvu qu'il s'agisse d'une Société dont la durée est illimitée, et que la renonciation soit de bonne foi et non faite à contre temps ; 7° par les diverses causes qui peuvent donner lieu à une demande en dissolution, et dont l'appréciation est laissée aux lumières du juge

Si la chose qui a péri ne forme point la totalité du fonds social, mais consiste seulement dans l'apport d'un des associés, il faudra distinguer entre le cas où cet apport avait pour objet la jouissance et celui où il avait pour objet la pleine propriété. Dans le premier cas, la perte entraînera toujours la dissolution de la Société, les prestations successives qu'est censé comprendre un apport de ce genre ne pouvant plus désormais être réalisées. Dans le second cas, si la transmission de propriété a été seulement promise, ou parce que telle a été la convention, ou parce que la propriété n'appartenait pas encore au promettant, la perte entraîne la dissolution de la Société, par suite de l'impossibilité de réaliser l'apport promis ;

si la transmission de propriété a été actuelle, la Société n'est point rompue par la perte d'une chose passée immédiatement à ses risques. Tel est le véritable sens de l'article 1867, dont la rédaction inexacte et confuse a permis d'élever une objection, en apparence sérieuse, contre l'incontestable doctrine du Code civil sur la transmission de la propriété par la seule énergie de la convention.

Parmi les divers modes de dissolution de la Société, que nous venons d'énumérer, ceux fondés sur la mort ou le changement d'état de l'un des associés, évidemment applicables, à moins de convention contraire, dans les Sociétés dont la base est la confiance mutuelle des associés entre eux; doivent peut-être rester étrangers, même en l'absence de toute stipulation, aux Sociétés, chaque jour plus fréquentes, qui se contractent plutôt en considération des mises que des personnes. Ce qu'il y a de certain, c'est que dans de telles Sociétés, les clauses dérogatoires à ces modes de dissolution seront facilement présumées.

Art. II*e*. — *Opérations qui suivent la dissolution de la Société.*

Le premier effet de la dissolution de la Société est de restituer aux associés la propriété du fonds commun, en détruisant l'être moral sur la tête duquel elle reposait. Dès ce moment, l'état d'indivision commence pour les membres de la Société dissoute; le partage a pour but de le faire cesser; mais ce résultat est ordinairement précédé d'une opération, appelée liquidation, qui consiste à terminer les affaires commencées, à payer les detttes sociales, à recouvrer les créances, en un mot, à former la masse qui devra être partagée entre les ayant droit. Le soin de cette opération préalable peut être confié à un ou plusieurs mandataires spéciaux, ce qui arrive fréquemment dans les Sociétés commerciales et au contraire fort rarement dans les Sociétés civiles.

La masse à partager comprend toutes les valeurs sociales appréciables, déduction faite du prélèvement des mises, dans les cas où ce prélèvement doit avoir lieu. Quant aux règles concernant le partage, sa forme et les obligations qui en résultent, elles sont les mêmes que celles des partages de successions. Cette assimilation n'est cependant pas complète : c'est ainsi, par exemple, que la faculté accordée aux héritiers d'écarter du partage un cessionnaire étranger en lui remboursant le prix de la cession, ne doit pas être étendue aux associés. Quant à la fiction de rétroactivité du partage et de la licitation, elle existe aussi en matière de société ; mais ses effets ne remontent que jusqu'à l'origine de la co-propriété indivise, c'est-à-dire au jour de la dissolution de la société.

CHAPITRE II.

DISPOSITIONS PARTICULIÈRES AUX SOCIÉTÉS CIVILES.

Ces dispositions comprennent : 1° la forme et la preuve du contrat ; 2° les diverses espèces de Sociétés ; 3° les engagemens des associés à l'égard des tiers.

§ Ier. — *Forme et preuve du contrat.*

Le contrat de Société n'est assujetti, pour sa validité, à aucune forme : quant à sa preuve, il est soumis aux règles ordinaires sur la preuve des obligations. Le législateur, en reproduisant ces règles, n'a pas eu pour but de les lui appliquer d'une manière plus rigoureuse ; mais seulement de proscrire par une disposition expresse les Sociétés *taisibles* ou *tacites* admises sous l'empire des anciennes coutumes. La preuve écrite n'est donc point de nécessité, et les autres genres de preuves devront être reçus dans les cas et sous les conditions déterminés par la loi pour les obligations en général.

§ II. — *Des diverses espèces de Sociétés.*

Les Sociétés civiles peuvent être ou universelles ou particulières.

I. La Société universelle est de deux sortes : la Société de tous biens présens et la Société universelle de gains. Les parties ont en outre la faculté de stipuler la réunion de ces deux sociétés, dont les effets existent alors cumulativement.

Dans la Société de tous biens présens, c'est la propriété qui est mise en commun ainsi que les profits qu'elle peut procurer ; mais son objet est restreint aux biens présens. Tous autres profits et revenus, les fruits des biens qui viendraient à échoir par succession, donation ou legs, n'entrent dans cette Société qu'au moyen de la stipulation additionelle d'une Société de gains. Quant à la propriété des mêmes biens, toute clause tendant à l'y faire entrer est prohibée, sauf le droit qu'ont les époux de stipuler entre eux par leur contrat de mariage une communauté à titre universel.

La Société universelle de gains, moins étendue que la précédente sous un rapport, puisqu'elle ne comprend les immeubles présens que pour la jouissance, est plus étendue sous un autre rapport puisqu'elle embrasse, sans le secours d'aucune stipulation, tous les acquêts faits pendant sa durée et les fruits et revenus des biens futurs. Mais comme, ainsi qu'on vient de le voir, elle n'emporte dessaisissement de propriété qu'à l'égard des meubles présens, les conventions aliénatoires devant en général être interprétées dans le sens le plus restreint, c'est elle qui sera censée avoir été contractée à défaut d'explication précise.

La facilité qu'offrent les Sociétés universelles pour déguiser une donation, les a fait prohiber non seulement entre personnes respectivement incapables de se donner ou de recevoir l'une de l'autre; mais encore entre celles auxquelles il est défendu de s'avantager au préjudice d'autres personnes. Cette dernière disposition, si elle devait être prise à la lettre, ne tendrait à rien moins qu'à frapper rétroactivement d'incapacité pour les sociétés universelles, tous ceux qui laisseraient à leur décès des héritiers à réserve. Mais d'une part cette longue incertitude sur la validité d'un contrat serait trop préjudiciable aux intérêts privés, et d'autre part l'intention du législateur, révélée par les documens officiels, paraît avoir été seulement d'empêcher les infractions aux règles sur la quotité disponible. Il faut donc conclure que les termes de la loi vont au-delà de sa pensée, et pour concilier autant que possible l'esprit et le texte, restreindre la prohibition au cas où la défense d'avantager repose sur une qualité de la personne avec laquelle la Société se contracterait, comme par exemple si l'un des associés était l'enfant naturel de l'autre.

II. Les Sociétés particulières, espèce la plus fréquente dans l'usage ou même presque exlusivement connue dans nos mœurs actuelles, sont, comme l'indique leur nom, celles qui s'appliquent à un objet, à une entreprise ou à une profession déterminés. Si donc les contractans avaient mis tous leurs biens en commun par voie de désignation individuelle, ce serait encore une Société particulière qu'ils auraient contractée : toutefois les circonstances pourraient la faire déclarer universelle, comme destinée à éluder les incapacités legales en cette matière.

§ III. — *Engagemens des associés envers les tiers.*

Nous avons déjà dit que la société était distincte de chacun de ses membres; de là dérive, pour chaque associé, la nécessité d'un mandat légal ou conventionnel, à l'effet d'obliger la société envers les tiers. A défaut de cette circonstance, chaque associé n'est tenu qu'autant qu'il a lui-même contracté avec le créancier.

Dans la société civile, le mandat à l'effet d'obliger la société est nécessairement conventionnel : l'associé, même administrateur, n'a point qualité, sans pouvoir spécial, pour obliger ses coassociés, bien que l'obligation ne sorte point des limites de l'administration. Pour que les associés soient tenus de l'obligation contractée par un d'entre eux sans mandat, il faut que la chose ait tourné au profit de la Société.

Les associés tenus envers les tiers ou par l'obligation qu'ils ont personnellement contractée, ou par l'effet des pouvoirs conférés à l'un d'entre eux, ne sont point solidairement engagés. L'action du créancier contre eux se divise par portions viriles, quelle que soit d'ailleurs la part sociale de chacun : cette décision, fondée sur l'ignorance légalement présumée où s'est trouvé le créancier des conventions intervenues entre les associés, cesse si l'acte même d'obligation a spécialement restreint l'engagement de l'un des débiteurs à sa part sociale, en déterminant la quotité de cette part.

Si l'engagement des associés dérive de l'avantage que la société a retiré de l'obligation, le créancier peut agir directement contre eux, mais seulement pour la part sociale de chacun, puisque le profit, principe de l'obligation dans ce cas, se répartit entre eux dans cette proportion.

Les créanciers de la Société excluent, sur l'actif social, les créanciers personnels des associés, et nous ne pensons pas qu'ils doivent à leur tour être primés, sur les biens particuliers à chaque associé, par les créanciers personnels de ce dernier. Par rapport à ces biens, les uns et les autres ont un droit égal, et, à moins de causes spéciales de préférence, ils viennent tous par contribution. Les mêmes principes sont applicables aux créanciers des sociétés commerciales.

CHAPITRE III.

DISPOSITIONS PARTICULIÈRES AUX SOCIÉTÉS COMMERCIALES.

Nous avons vu que les divers rapports sous lesquels les sociétés civiles diffèrent des sociétés commerciales, sont : 1° la forme et la preuve du contrat; 2° les divisions dont il est susceptible; 3° la nature et l'étendue des engagemens sociaux envers les tiers. Il paraîtrait donc convenable d'examiner les sociétés commerciales sous les mêmes points de vue, afin de constater, dans un ordre parallèle, ce qui les distingue des sociétés civiles. Mais comme, soit la forme et la preuve du contrat, soit les droits des tiers varient suivant chaque espéce de société commerciale ; c'est l'indication de ces diverses espèces qui fera l'objet de notre division principale : dans un second paragraphe, nous mentionnerons le mode de juridiction particulier aux sociétés commerciales, pour les contestations entre associés.

§ 1er. — *Diverses espèces de sociétés commerciales.*

Toute société commerciale est essentiellement particulière : elle peut être ou en nom collectif, ou en commandite, ou anonyme, ou en participation.

ART. Ier. — *De la Société en nom collectif.*

La Société en nom collectif a pour objet de faire le commerce en général ou un certain commerce en particulier sous une raison sociale.

La raison sociale est le mode de signature convenu pour obliger tous les associés par le fait d'un seul d'entre eux. Les noms des associés peuvent seuls faire partie de la raison sociale : elle ne comprendrait pas valablement le nom d'un associé décédé. La signature sous la raison sociale fait présumer que l'obligation a tourné au profit de la Société, et dispense de toute preuve à cet égard ; mais pour cela il faut qu'elle ait été donnée par l'associé qui avait droit d'administrer ; car si l'on a désigné un ou plusieurs administrateurs, les autres n'obligeraient pas leurs coassociés, même en signant sous la raison sociale.

Deux grandes différences distinguent la société en nom collectif de la société civile : la nécessité d'un écrit pour la preuve et même pour la validité de la convention, et en second lieu la responsabilité solidaire de tous les associés.

Il ne suffit même pas, pour la régularité de la Société en nom collectif, qu'elle ait été constatée par écrit : elle est, en outre, assujétie à des conditions de publicité réglées par le Code de commerce, et complétées par la loi du 31 mars 1833, qui, en reproduisant les dispositions du décret du 12 février 1814, annullé comme inconstitutionnel, a ajouté aux formalités déjà prescrites celle de l'insertion dans un ou plusieurs journaux spécialement désignés à cet effet.

La sanction de ces diverses formalités est dans la nullité que fait encourir leur omission. Cette nullité ne peut être opposée aux tiers qui seraient intéressés à ce que l'existence de la société fût reconnue; mais entre associés, elle est absolue, et chacun d'eux a droit de la faire prononcer : les expressions dont s'est servi le législateur sont trop générales pour que l'on puisse en restreindre l'application au cas où la nullité serait opposée par des tiers.

Les formalités qui précèdent et leur sanction sont communes aux prorogations de Sociétés, à leurs dissolutions avant le terme fixé par l'acte social, et généralement à tous changemens apportés aux conditions et clauses de cet acte.

La solidarité des associés pour tous les engagemens sociaux, n'est évidemment encourue que dans les cas où, suivant les distinctions indiquées au commencement de cet article, l'engagement lui-même est censé contracté dans l'intérêt de la société.

ART. II. — *De la Société en commandite.*

Cette Société se contracte entre un ou plusieurs associés responsables et solidaires, et un ou plusieurs associés, simples bailleurs de fonds, que l'on nomme commanditaires ou associés en commandite.

Le nom de commandite lui est probablement venu du vieux mot français *command* qui signifiait dépôt ou procuration, parce que dans ce genre de Société, le gérant est en quelque sorte le procureur et le dépositaire des fonds du commanditaire.

De la définition énoncée plus haut, et qui est celle donnée par le législateur lui-même, découlent, comme conséquence naturelle, le but et le caractère de la Société en commandite : le but, qui consiste à mettre les capitaux civils à la disposition du commerce et de l'industrie; le caractère qui résulte de la co-existence de deux classes d'associés : les gérans et les simples commanditaires, ceux-ci inconnus aux créanciers, et engagés plutôt par leur apport que par leur personne, ceux-là représentans de la Société et personnellement responsables.

On voit, par ce qui précède, que, s'il y a plusieurs gérans, la Société est à la fois en nom collectif à leur égard, et en commandite à l'égard des simples bailleurs de fonds.

La Société en commandite a une raison sociale, parce qu'elle renferme une classe d'associés personnellement responsables; mais par suite du même motif, la raison sociale ne peut comprendre que les noms des associés gérans, et jamais celui d'un commanditaire.

Le commanditaire n'est tenu des pertes sociales que jusqu'à concurrence de sa mise effectuée ou promise : légalement inconnu aux créanciers, ceux-ci ne peuvent agir contre lui que comme exerçant, en quelque sorte, les droits et actions de l'associé gérant. Mais, pour jouir de cette faveur, le commanditaire doit conserver le caractère qu'il tient de la loi ; s'il s'immisce dans la gestion active de la Société, soit de son chef, soit en vertu d'une procuration des gérans, il encourt la responsabilité personnelle et solidaire qui n'est pas moins attachée, dans ce cas, à la gestion de fait, qu'à la qualité officielle de gérant.

Nous avons dit que pour devenir personnellement responsable, le commanditaire devait avoir pris une part active à l'administration de la Société. La loi, en effet, n'a pas eu, ni pu avoir pour but de défendre aux commanditaires un concours indirect aux opérations sociales, soit en délibérant entre eux pour les autoriser ou les ratifier, soit même en nommant un conseil de surveillance, ou en faisant partie de ce conseil. Ce que le législateur a voulu éviter, c'est le scandale de commanditaires sans responsabilité, agissant réellement sous le nom d'un gérant fictif d'une responsabilité illusoire. Il est du reste, hors de doute, aux termes d'un avis du conseil d'état du 17 mai 1809, que le commanditaire est apte à faire en son propre nom, toute espèce d'opération avec la Société dont il est membre, comme avec toute autre maison de commerce.

Les dispositions qui précèdent, déterminent, en le développant, le double caractère de la Société en commandite, dans la personne des associés gérans, et dans celle des simples bailleurs de fonds. Quant au but, qui est l'accession des petites fortunes aux grandes entreprises, les rédacteurs du Code de commerce ont voulu le faciliter, en autorisant la division par actions du capital de ces Sociétés, sous la réserve toutefois, des règles qui leur sont propres. Cette restriction n'a point pour effet, d'interdire les actions au porteur dans les Sociétés en commandite : par les termes généraux qu'elle emploie, la loi comprend nécessairement les actions au porteur aussi bien que celles nominatives; et quoique les premières permettent fréquemment aux commanditaires d'éluder la défense de gérer, la possibilité de la fraude ne saurait équivaloir à une prohibition expresse.

Tels ont été cependant les abus dont la division par actions est devenue la source, dans ces derniers temps surtout, qu'il a paru impossible d'y porter remède, sans détruire l'usage lui-même. C'est dans cette pensée, que le projet de loi présenté par le gouvernement à la Chambre des députés, dans la session de 1838, ne conservait la division par actions, que pour les Sociétés autorisées par l'état. Ce projet ayant été rejeté par la Chambre, le Code de commerce reste encore la loi de la matière.

En résumant tout ce que nous avons dit sur la responsabilité envers les tiers, soit des associés gérans, soit des commanditaires, et prenant pour terme de comparaison les membres d'une Société civile, on voit que les associés gérans encourent une responsabilité plus grave, puisqu'ils sont solidaires, et qu'au contraire, les simples bailleurs de fonds courent de moindres risques, puisqu'ils n'exposent que leurs mises.

Quant à la forme, les règles établies pour la Société en nom collectif sont entièrement applicables à la Société en commandite : il n'y a de différence que pour les énonciations prescrites dans l'extrait de l'acte social destiné à être rendu public, et pour la signature de cet extrait; différences nécessitées par la nature de la Société en commandite.

Art. III. — *De la Société anonyme.*

La Société anonyme n'a point de raison sociale, parce qu'elle ne présente aucun associé personnellement responsable. Elle est désignée par l'objet de son entreprise, et l'utilité de cette entreprise vérifiée et reconnue par le gouvernement, remplace pour les tiers la garantie que leur offre, dans la Société en commandite, la solidarité des gérans.

L'intervention du gouvernement a deux objets distincts : l'autorisation de la Société et l'approbation de ses statuts. L'une et l'autre sont accordées cumulativement par une ordonnance royale rendue sur l'avis du conseil d'état, et insérée au Bulletin des Lois.

La forme des Sociétés anonymes est encore plus rigoureuse que celle des Sociétés en nom collectif et en commandite; elles ne peuvent être constituées que par acte authentique. Les conditions de publicité, à l'exception de l'insertion dans les journaux, sont d'ailleurs les mêmes, sauf que c'est l'acte entier de Société et non un simple extrait qui doit y être soumis, ainsi que l'ordonnance royale d'autorisation.

La Société anonyme n'a point d'administrateurs légaux : la gestion en est confiée à des mandataires proprement dits, dont les fonctions, le caractère et la responsabilité sont entièrement régis par les principes du mandat.

Le capital de la Société anonyme est essentiellement divisible en actions. Ces actions sont transmissibles, et leur mode de transmission varie suivant qu'elles sont nominatives ou au porteur. La responsabilité de chaque associé envers les tiers est limitée au montant de son intérêt dans la Société; d'où il suit que la quotité de cet intérêt doit servir de mesure à la part d'influence exercée dans les délibérations sociales, et que conséquemment la majorité se détermine par les sommes et non par les nombres.

ART. IV. — *Des associations en participation.*

Ces associations, appelées fréquemment par les anciens auteurs Sociétés anonymes, reçoivent dans l'usage les noms de comptes à demi, comptes en participation.

A la différence des autres Sociétés commerciales dont l'objet est complexe et embrasse une exploitation collective, les associations en participation s'appliquent à une ou plusieurs opérations déterminées. Elles ont une existence transitoire et établissent un lien passager entre les contractans. Aussi la loi ne les a-t-elle assujetties, ni pour leur validité, ni même pour leur preuve, à aucune des conditions prescrites, soit pour les Sociétés commerciales proprement dites, soit pour les Sociétés civiles. Tous les genres de preuves sont admissibles à leur égard, non seulement à l'effet d'établir leur existence, mais encore à l'effet de constater leurs clauses et conditions.

Vis-à-vis des tiers, elles nous paraissent constituer des personnes civiles, soit parce que tel est le caractère commun de toute société, soit parce que la loi déclare les reconnaître et conséquemment leur attribuer une individualité distincte des membres qui les composent. Mais comme l'association en participation ne se révèle par aucun signe extérieur, les créanciers qui ont contracté avec un seul d'entre les participans, qui ont suivi la foi et le crédit de lui seul, n'auront d'action directe contre ses coparticipans qu'à la charge de prouver que l'obligation a tourné au profit de l'association et dans la proportion de l'émolument dont chacun a profité.

§ II°. — *De la juridiction spéciale aux contestations entre associés.*

Cette juridiction, applicable à toute société de commerce, sans en excepter même les associations en participation, est la juridiction arbitrale; facultative et quelquefois même proscrite dans les autres contestations, elle est obligatoire en cette matière. Aussi ce genre d'arbitrage a-t il reçu le nom d'arbitrage forcé, pour le distinguer de l'arbitrage ordinaire ou volontaire. Nous n'entrerons dans aucun détail sur les dispositions réglementaires que le Code de commerce contient à ce sujet, d'abord, parce que des questions de procédure n'apporteraient aucun développement utile aux principes généraux du contrat de société, et ensuite parce que l'arbitrage forcé, dont l'expérience a démontré les vices multipliés, surtout à l'égard des sociétés nombreuses, ne tardera pas probablement à disparaître du Code de commerce. Le projet de loi présenté en 1838 opérait cette suppression, et cette partie du projet n'a soulevé aucune objection sérieuse.

En matière de liquidation des Sociétés commerciales et pour la durée des actions que voudraient exercer les tiers créanciers de la Société dissoute, la loi indique une distinction importante entre les associés liquidateurs et ceux non-liquidateurs. Contre ces derniers, toute action est éteinte par le délai de cinq ans, depuis la dissolution régulièrement publiée : quant aux liquidateurs, ils restent soumis au droit commun, mais seulement en cette qualité, et ne peuvent invoquer que la prescription trentenaire. De ce que la qualité de liquidateur est distincte de celle d'associé, il suit, en effet, que même à leur égard, l'action personnelle dérivant du titre d'associé est éteinte par le délai de cinq ans, et que la responsabilité de trente ans les atteint exclusivement comme détenteurs et comptables des deniers de la Société. Telle est du moins, l'opinion qui nous paraît ressortir des motifs et de l'esprit de la loi, quoique son texte présente quelque ambiguité.

THÈSES.

I. Les offices ou charges, dont la loi du 28 avril 1816 autorise la transmission à prix d'argent, ne peuvent faire l'objet d'une Société valable.

II. Les règles prescrites en matière de vente pour la délivrance d'un fonds de contenance déterminée, sont applicables en matière d'apports sociaux.

III. Dans le cas d'apport en jouissance, l'estimation des immeubles vaut vente et les met aux risques de la Société, sans qu'il soit besoin de déclaration expresse à cet égard.

IV. Les clauses prohibées par la loi dans le contrat de Société sont nulles, et annullent l'acte social tout entier.

V. L'administrateur nommé par acte postérieur au contrat de Société, quoique révocable, ne l'est point par la volonté d'un seul des associés : il faut le concours de la majorité.

VI. L'associé qui a fait la cession autorisée par l'art. 1861 du Code civil, ne doit pas à son cessionnaire la garantie de la solvabilité de ses coassociés.

VII. Les parts sont proportionnelles aux mises, même dans les Sociétés universelles et quoique les apports respectifs n'aient point été estimés par la convention.

VIII. Pour déterminer si l'objet de la Société dépasse cent cinquante francs, c'est le montant réuni des apports qu'il faut considérer et non pas seulement l'apport du demandeur.

IX. La division du capital social en actions au porteur ou transmissibles par voie d'endossement, ne confère pas le caractère commercial à une Société dont l'objet est purement civil.

X. Les tiers créanciers d'une Société civile, au lieu d'agir contre chaque associé pour sa part virile, peuvent valablement agir contre lui pour sa part sociale.

XI. Dans une Société en commandite, les commanditaires peuvent être forcés à rapporter les bénéfices distribués postérieurement à la naissance du droit du créancier demandeur.

XII. Dans une société commerciale en participation, les co-participans qui ont concouru ou consenti à l'engagement contracté envers un tiers, sont solidairement tenus à son égard.

www.ingramcontent.com/pod-product-compliance
Lightning Source LLC
Chambersburg PA
CBHW060611050426
42451CB00011B/2196